ALLOCUTION

PRONONCÉE EN L'ÉGLISE SAINT-GERVAIS DE ROUEN

LE 5 FÉVRIER 1889

Par M. l'Abbé MORIN, Curé

Chanoine honoraire

A LA BÉNÉDICTION NUPTIALE DE

Monsieur ALBERT HAUDUC

ET DE

Mademoiselle JULIETTE DUCLOS

ROUEN

IMPRIMERIE ESPÉRANCE CAGNIARD

rue Jeanne-Darc, 88

—

1889

UNES *ceciderunt mihi in proclaris.* Je traduis en français ce passage d'un psaume : « Ma part est délicieuse dans l'acte du saint ministère que je vais accomplir. » J'ai sous les yeux deux chers enfants qui, depuis huit ans, sont l'objet de mon affection; ils viennent à l'Église, l'un sociétaire de Saint-Victrice, l'autre zélée présidente des enfants de Marie, sous un double patronage qui rend leur union et plus intéressante et plus bénie; tout à l'heure, la cloche, qui a le nom si populaire de Marie-Victrice, me semblait porter à travers les airs le témoignage et, par ses douces vibrations, s'annoncer comme interprète de la sympathie universelle qui se traduit en ces trois mots : le doigt de Dieu est là, c'est une union providentielle.

Je suis donc ici à l'aise pour parler du mariage, de son excellence et de ses obligations, puisque je m'adresse à deux époux dont les oreilles entendent, dont la bouche parle et dont le cœur surtout saisit le langage de l'enseignement religieux.

Le Mariage est l'œuvre de Dieu, et Dieu lui-même en a indiqué la raison d'être par une parole consignée dans un livre dont il a dicté toutes les syllabes. Il n'est pas bon que l'homme soit seul ; il lui faut un aide qui lui ressemble. Or, la parole de Dieu n'est pas, comme la parole de l'homme, un son de voix que le vent emporte ;

dès que Dieu parle, il crée. Aussi, la compagne du premier homme apparut-elle avec la ressemblance que Dieu seul peut produire. C'est au point que notre premier père ne pouvant contenir son émotion, jeta ce cri d'enthousiasme qui a traversé soixante siècles : « C'est l'os de mes os; la chair de ma chair! » Il veut même que ceux qui tenaient le premier rang dans l'affection de l'époux cèdent leur place à l'épouse : l'homme quittera son père et sa mère pour s'attacher à son épouse. Rassurez-vous, bons parents, votre part n'en sera que meilleure : vous aurez droit à une double affection, puisque l'époux et l'épouse ne formeront plus qu'un seul être et seront identifiés dans les mêmes sentiments. Ce n'est encore ici que le mariage à l'état de son institution primitive : qu'en est-il, depuis que Notre-Seigneur Jésus-Christ l'a pris dans ses mains divines, en a fait un Sacrement et lui a donné une large part dans les mérites de sa Rédemption. Je ne veux que le mariage à l'état de Sacrement pour montrer la dignité de l'homme telle que l'a transformée son divin Fondateur.

Tandis que, dans les autres Sacrements, le Chrétien a besoin de mendier la grâce qui leur est affectée, ici, il est fait prêtre un instant, il devient ministre du Sacrement, et il prend de sa propre main les grâces qui, dans les autres Sacrements, ne peuvent être distribuées que par des mains étrangères. Il faut un prêtre, sans doute, pour que le mariage soit validement célébré; mais le prêtre n'apparaît qu'à titre de témoin nécessaire, pour bénir, au nom de la sainte Eglise, le lien indissoluble que forment eux-mêmes les deux époux. C'est ici surtout que je comprends le sacerdoce royal dont parle le grand Apôtre et qu'il dit être le privilége de ceux qui appartiennent à la religion du Sauveur.

Au sacerdoce, le mariage unit la royauté : ce qui s'est passé à la création du premier homme n'était qu'un symbole de ce qui a lieu à la célébration de tous les mariages. Dieu fit passer sous les yeux d'Adam tous les êtres créés, afin qu'il donnât à chacun le nom qu'il lui convenait; ainsi la religion fait-elle passer sous les yeux des époux tous les êtres qui sortiront de leur union jusqu'à la troisième et quatrième génération, afin qu'ils tracent eux-mêmes la route que chacun devra parcourir. Aussi pouvons-nous dire en sortant d'une église où vient de se célébrer un mariage chrétien (et nous le dirons, chers enfants, après la célébration de vos noces) ce que disait l'apôtre saint Jean à son retour du Paradis où l'avait transporté une vision mystérieuse : « J'ai vu une foule innombrable que personne ne pourrait compter; la longue file de ceux qui la composent se prolonge jusqu'à plusieurs générations successives; j'ai vu les enfants et les petits-enfants, comme les Anges de Dieu, tantôt se tenir autour du thrône de Dieu, qui est l'autel de l'Eglise, et tantôt s'agenouiller dans son sanctuaire, à côté de leurs bien-aimés Parents, pour adorer, à la sainte Messe, et recevoir, par la sainte Communion, Celui qui vit et donne la véritable vie aux familles comme aux individus. »

C'est l'histoire de votre avenir que je viens de tracer, j'en ai la douce et pleine confiance.

Il y a dans un de nos saints livres le récit d'une union conjugale dont nous avons ici la reproduction (il n'y a que les noms à changer); l'application en est à la portée de tous : il s'agit de Tobie. Dès le bas âge, il avait appris de ses pieux parents à craindre et à s'abstenir de tout mal et à pratiquer ponctuellement ses devoirs

religieux; il se rendait au temple du Seigneur,
tandis que ses compagnons d'enfance couraient
aux veaux d'or, c'est-à-dire aux assemblées
bruyantes du monde; aussi, grandit-il sous le
regard de ses parents, visiblement protégé par
la divine Providence. C'est à tel point qu'un
Ange du Ciel, sous une forme humaine, lui
servit de guide et lui procura un trésor bien
autrement précieux que la succession de famille
qu'il avait en vue; il obtint une épouse dont le
portrait est tracé par l'Esprit-Saint sous le titre
de la femme forte, acquisition rare, dit le saint
livre, qui ne se trouve qu'après de sérieuses
recherches. Les larmes viennent aux yeux quand
on entend le futur beau-père, à la première
demande de sa jeune fille, adresser à Tobie
comme compliment de bienvenue, ces paroles
qui sont ici tout à fait de mise : « Soyez béni.

cher enfant, d'appartenir à une bonne et excellente famille. »

Le saint vieillard prend ensuite la main de la jeune épouse et, la présentant au jeune homme, il ajoute, avec l'accent solennel du sacerdoce dont l'investissait son titre de père : « Que le Dieu d'Abraham, le Dieu d'Isaac et le Dieu de Jacob vous bénisse, que Lui-même forme les nœuds de votre union et qu'il vous communique ses grâces les plus abondantes. » Savez-vous quelle fut la première parole tombée des lèvres de Tobie à l'adresse de sa fiancée? La voici : « Vous et moi, nous sommes les enfants des Saints. » C'est comme s'il avait dit : noblesse oblige; il faut que nous reproduisions les exemples édifiants de nos ancêtres et que nous transmettions à la descendance que Dieu voudra bien nous départir, comme un héritage de famille, les saines traditions que nous tenons de nos bons parents: vous aussi, enfant de saint Victrice et enfant de Marie, vous êtes les enfants des Saints.

Mon cher ami, vous ferez bien de porter vos regards sur le saint Patron de l'intéressante société à laquelle vous êtes fier d'appartenir; ce n'est pas seulement pour l'appeler à votre aide, c'est surtout pour reproduire le double travail qui a été l'objet de sa préoccupation : il a bâti deux sanctuaires. Nous lui devons d'abord le sanctuaire matériel qui nous réunit en ce moment et dont le pourtour présente à nos regards, parmi les pierres qui le composent, certains fragments déposés par sa main vénérable et devenus comme autant de reliques précieuses; un autre sanctuaire a fixé encore davantage son attention : c'est l'âme des fidèles confiés à sa sollicitude. Qu'a-t-il fait? Il a déposé un germe de sanctification ce germe; s'est développé, et l'influence s'en est infiltrée dans le sang des générations successives, au point qu'après quinze siècles, la piété qui règne dans notre paroisse et le sentiment religieux qui anime tout le diocèse peut encore être regardé comme le résultat de son action bienfaisante. Mon cher ami, un double travail de même ordre vous est réservé; il vous faut élever, soutenir et consolider une nouvelle maison que j'appellerai le sanctuaire de la famille; vous obtiendrez un plein succès, grâce à l'activité, au bon ordre et à l'économie dont vos bons parents vous ont inspiré et dont vous avez contracté vous-même les louables habitudes, surtout sous la bénédiction de Dieu qu'attire toujours la pratique religieuse. Mais il vous faudra travailler aussi à une autre édification : vous devrez prendre un soin plus scrupuleux encore du sanctuaire de Dieu même, je parle des chers petits enfants que

Dieu voudra bien vous confier et qui eux-mêmes transmettront à leurs descendants comme un héritage de famille, les bons exemples et les conseils salutaires que vous leur aurez légués. C'est ainsi qu'arrivera jusqu'à la troisième et quatrième génération la bénédiction que va vous appliquer le prêtre au nom de l'Église, et qu'appellera, sur votre maison, la protection de la Sainte Vierge pieusement et efficacement invoquée par votre jeune épouse.

En effet, vous avez, ma chère enfant, un double droit à la sollicitude de notre bonne Mère du Ciel, puisque vous avez reçu au saint Baptême son nom béni, et que, depuis longtemps, vous appartenez à l'association érigée sous son vocable. C'est à l'occasion d'un mariage qu'elle a manifesté visiblement sa toute-puissance en obtenant du Cœur de Jésus un miracle en faveur des époux.

Il y eut des noces à Cana; la Mère de Jésus y était; Jésus lui-même y fut convié avec ses disciples. Sous nos yeux revit le même spectacle; oui, la Sainte Vierge doit porter son affectueux regard de Mère sur le groupe de ces jeunes congréganistes qui entourent leur compagne comme d'une couronne mystérieuse; le Sauveur n'est-il pas aussi près de nous? Je suis ici son représentant, et un prêtre, qui nous est cher à tous, va être tout à l'heure, au saint autel, le dépositaire de ses bénédictions. Il n'est pas jusqu'aux disciples qui ne soient représentés par cette foule nombreuse et sympathique de vos parents et de vos amis. Nous pouvons continuer le récit : qu'un jour (hélas, c'est l'histoire universelle), qu'un jour le vin, qui signifie la joie, fasse défaut, quand bien même il vous semblerait qu'il n'y a plus que l'eau, symbole de l'épreuve, la Sainte Vierge Marie, étant honorée au foyer de la famille, saura bien obtenir que l'eau soit changée en vin, c'est-à-dire que l'épreuve soit sinon écartée, au moins adoucie.

Vous pourrez tout à l'heure, ma chère enfant, prendre pour devise le mot délicieux de nos saints livres : « Mon bien-aimé est à moi et je suis à lui. » Son cœur vous appartient avec toute l'affection dont il est doué; il lui faut le vôtre, j'en connais l'amabilité; je sais à quelle école il a été formé, dirigé et développé. Qu'il soit pour votre jeune époux ce qu'il a été pour votre bon père, pour votre mère si affectueuse et si attentionnée et pour votre bien aimé frère, sans oublier une sœur qui, bien que séparée par sa vocation, saura bien se rapprocher par sa pensée, son affection et ses prières.

Vos deux cœurs ainsi réunis, jeunes époux, vous pouvez présentement fonder une nouvelle famille et poser la première pierre d'une maison nouvelle. Daigne Dieu lui-même en cimenter les murs, en protéger et en élargir l'enceinte ! Qu'Il daigne vous bénir dans vos personnes, dans vos entreprises et aussi dans les chers petits enfants qui, nous en avons l'espoir, seront confiés à vos soins et à votre direction !